끊어진 현

삶의 시선 028

끊어진 현

초판 1쇄 발행 | 2008년 12월 15일

지은이 | 박일환
편집인 | 박일환
편집주간 | 김영숙
편집부 | 엄기수 임현숙
영업부 | 김원국
펴낸곳 | 도서출판 **삶이 보이는 창**
등록번호 | 제18-48호
등록일자 | 1997년 12월 26일

(150-901) 서울시 영등포구 영등포동2가 94-141 동아빌딩 402호
전화 | (02) 848-3097   팩스 | (02) 848-3094
홈페이지 | www.samchang.or.kr

값 6,000원
ⓒ 박일환, 2008. Printed in Seoul, Korea.

ISBN 978-89-90492-69-2 03810

끊어진 현

박일환 시집

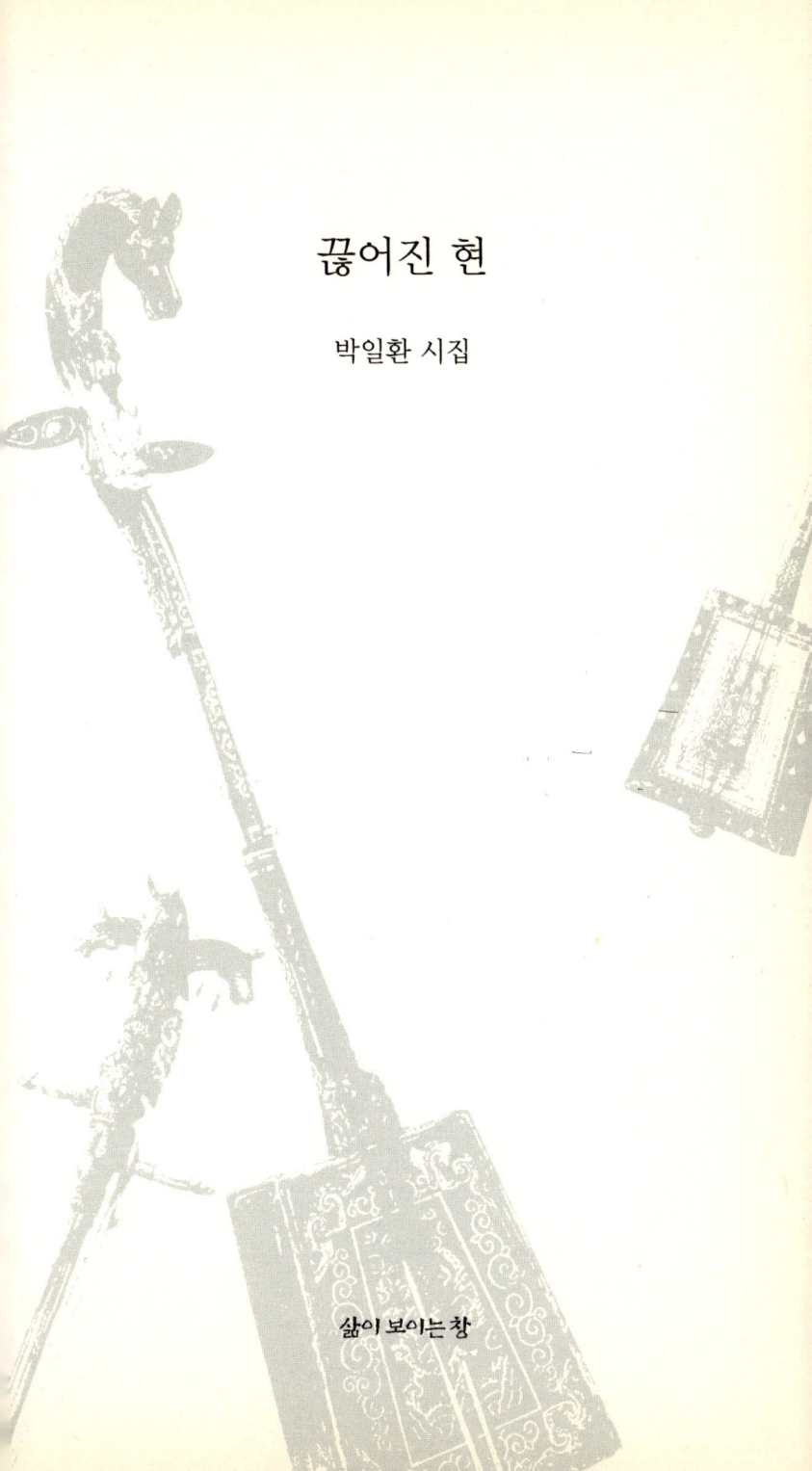

삶이 보이는 창

■ **自序**

꽃은
향기가 있어 꽃이듯
나무는
열매가 있어 나무다

하늘 아래 한 송이 꽃
땅 위에 한 그루 나무

받들며 살고 싶다

2008년 겨울, 박일환

■글차례

5 · 自序

1부

13 · 순이언니
14 · 나팔꽃 봉오리
15 · 어둔 밤, 베란다에서
16 · 전쟁과 평화
17 · 은행잎 하나
18 · 아득한 봄날
19 · 항동 순두부집
20 · 작은 사랑노래
21 · 잡담
22 · 21세기와 평화
23 · 겨운 목숨
24 · 하강下降
26 · 닭 모가지의 행방
28 · 만석부두
30 · 천수관음千手觀音
31 · 지하도 입구

2부

귀환歸還 · 35
새우튀김을 먹는 저녁 · 37
파산시대 · 38
밑 빠진 독과 화수분 · 40
대형 할인매장에서 · 42
청맹과니 · 44
닥트공 최씨 · 46
즐거운 날들 · 49
복개천 사거리 · 50
건설 현장에서 오래된 해골 더미가 발굴되던 날 · 52
은밀한 내통 · 54
삽의 전쟁 · 55
돌담에 매달린 꽃 · 58
평화 · 60
벼꽃 · 62
아빠, 제발 잡히지 마 · 64

3부

69 · 고비사막에서
70 · 세이한 고비
71 · 끊어진 현弦
72 · 손
74 · 사막의 길
75 · 두 주검
76 · 최병은 씨 댁 옆집
78 · 둥지는 새들이나 트는 것이다
80 · 21세기 토끼
82 · 지렁이의 길
84 · 청보리밭과 대숲
85 · 신창세기
86 · 황금시대
88 · 시인똥 종이
89 · 풍기반란
90 · 배다리의 밤

4부

첫눈 오시던 날 · 95
노래 · 96
죄의 무게 · 98
향기 · 99
눈은 왜 소리 없이 누워 있는가 · 100
유성流星 · 102
천변 풍경 · 103
비 오는 날 · 104
비 내리는 날, 창가에서 · 105
환한 골목 · 106
눈썹달 · 107
모과 한 알 · 108
가을 깊은 저녁 · 110
상록수 · 112
깊고 아득한 · 114
푸른 정거장에서 놀다 · 116

해설 소걸음으로 가는 인간의 길 | 문동만 · 118

1부

순이언니

어릴 적, 너무도 가난해서
하느님께 부자가 되게 해 달라고 하려다
차마 그렇게는 못하고
하느님, 이 세상에 꽃이 많이 피게 해 주세요
손 모아 기도했다는데,
지금은 어린이 책 만드는 일을 한다는
그녀의 얘기를 전해 들으면서
하느님, 순이언니가 만든 책을
이 세상 모든 어린이들이 읽을 수 있게 해 주세요
나도 손 모아 기도하고 싶었다

나팔꽃 봉오리

아이들 가르치러 학교 가는 길
번잡한 앞길 버리고 호젓한 뒷길로 간다
혼자 휘어드는 좁은 골목길
담벼락에 나팔꽃 줄지어 피었는데
활짝 열린 봉오리 속으로
쏙 들어가 한숨 자고 싶다
등굣길 서두르는 아이들도 불러다
봉오리마다 한 명씩 들어앉히고 싶다
순하게 몸을 말고 들어앉아
잡스런 세상 말들 삭혀 내린 뒤
작고 단단한 씨앗으로 맺혀
세상아, 요 건방진 놈아
소리치며 톡, 톡, 튀어나오고 싶다

어둔 밤, 베란다에서

저기 어머니가 오신다 갑작스런 풍으로
왼손과 왼발을 제대로 가누지 못하시는
어머니가 지팡이를 짚고 천천히
마을을 한 바퀴 돌아 집으로 돌아오신다

아침에 한 번 저녁에 한 번
매일처럼 되풀이되는 어머니의 고투를 지켜보는
대추나무 한 그루

벼락이라도 맞은 듯
한쪽 줄기는 꺼멓게 죽었으나
다른 쪽 줄기는 습관처럼 잎과 열매를 매달았다

황망히 다녀간 큰아들에게 어머니가 싸 주신
감자와 고추와 마늘 등속이
베란다에 희미하게 놓여 있다 눈물 난다

전쟁과 평화

아이들이 모두 돌아간 운동장
햇살 가득 눈부시고
비둘기 몇 마리 한가하다
나무 의자에 앉아
학교 내 완전금연구역
무시하고 담배 한 대 피워 물다가
누가 훔쳐보는 게 아닐까 싶어
고개 돌려 보니
국기게양대에 매달린 태극기
바람에 펄럭이고 있다
자랑스럽지도 않은 날들이
담배 연기에 실려 사라지는데
지금쯤 지구 저편
어느 학교 운동장에선가
목발을 짚은 채로 소년들이
전쟁의 공포를 잊기 위해
땀 흘려 공을 차고 있을 것만 같다

은행잎 하나

때 이른 한파가 몰아쳐
채 노랗게 물들지도 못한 은행잎들이
수북이 떨어져 내렸다

아프가니스탄에서, 이라크에서
체첸에서, 팔레스타인에서, 북한에서
언제 어디서든 터질 각오가 되어 있는
시한폭탄들, 째깍째깍
숨통을 죄어올 때

포연 속에서 울부짖으며 뛰쳐나오던,
지금도 뛰쳐나오고 있는,
벌거벗은 소녀

은행잎 하나 주워
그 소녀의 음부라도 가려 주고 싶었다

아득한 봄날

천왕동 재개발 지구
비탈진 언덕에
무너진 담장이며 지붕이
어지러운데
주인 잃은 앞마당에
복숭아나무 홀로
화사하여라
떠난 이들 안부도
묻지 못한 채
연분홍 꽃잎마다
하늘거리는 봄 햇살
눈이 부셔
차마 눈이 부셔
한참을 바라보다
얼마 전까지는 저기도
식구들, 옹기종기
밥상 앞에 경배 드리던
우주의 한 중심이었음을
뒤늦게 깨달아라

항동 순두부집

산비둘기 소리를 들으며
산길을 넘어야 가 닿을 수 있는
구로구 항동, 산자락 아래 움막집에선
오리며 닭백숙을 팔고
순두부와 막걸리도 파는데
(묵무침도 참 맛깔스러운데)
둥그런 스테인리스 밥상 앞에
네댓 명씩 둘러앉아 숟가락 놀리노라면
바깥마당에선
꽃사과 하얀 꽃잎이 날리고
뒷간 가는 길목을 지키던
강아지 꼬리에도 봄빛은 내려앉아
취할 사람은 취하고
눌러앉을 사람은 눌러앉으면 그만인데
어둠 이슥토록 노니다가
돌아가는 길쯤이야 잃어도 그만인데
꽃사과 익어 떨어질 때쯤
더듬더듬 다시 찾아들 이들을 위해
호젓한 산길 끌어당기고 있을
항동 순두부집

작은 사랑노래

여전히 따갑기는 해도 한결 기세가 누그러진
8월 끝 무렵 햇살이
청명한 가을의 예감을 안고
공원 한 옆, 소녀상 어깨를 비껴 내리는 찰나
사력을 다해 마지막 울음을 우는
저 매미는 어쩌냐고
어쩌면 좋겠냐고
말없이 물어오는 소녀의 눈동자 앞에서
그대는 어쩔 줄 몰라 하네

잡담

『삶이 보이는 창』이라는 잡지의 편집 책임을 맡고 있다는 이유로 교정지를 한 뭉텅이 집으로 들고 와 교정을 보는데, 여성 노동자가 쓴 글 끄트머리에 있는 글쓴이 소개글 앞에서 페이지가 넘어가지 않는다

—구로동에서 파견직 공장노동자로 일하다 얼마 전 일방적으로 해고되었다. 해고 사유는 잡담이었다.

담배를 찾아 물고 베란다로 나가 창밖을 보는데, 깜깜한 밤하늘에 아무 것도 없다 별들과 잡담이라도 나누었으면 싶은데, 그랬으면 좋겠는데, 내 마음을 먹어 삼킨 밤하늘은 그냥 깜깜 절벽이다

21세기와 평화

우리 동네 입구에는
21세기교회와 평화교회가 나란히 있고
두 교회 사이에 작은 공원이 있는데,
21세기교회는 우뚝하고 평화교회는 낮아서
21세기가 평화를 굽어보는 형국인데,
두 교회 사이에 자리 잡은 공원에선
아이들이 자전거도 타고 공놀이도 하는데,
그런 모습으로 21세기의 평화가 찾아온다면
좋겠다, 참 좋겠다 싶은데,
21세기 신도는 평화 신도를 모른 체하고
평화 신도도 21세기 신도를 모른 체하는,
가깝고도 먼 두 교회만큼이나
내 마음도 아득하기만 한데,
공원을 가로질러 집으로 가는 길에 생각해 보니
내가 사는 아파트는 21세기교회보다도 높고 높아서
21세기와 평화를 한꺼번에 굽어보곤 했던 게 아닌가
굽어보기만 하다 잠들곤 했던 게 아닌가
흉몽도 없이, 편안하고 달콤하게

겨운 목숨

역전 쓰레기통 뚜껑 위에
누군가 짓이겨 놓은 담배꽁초
불씨가 채 사그라들진 않았는지
흰 연기 가느다랗게 피어오른다

대합실 구석배기 싸늘한 히터 앞에
누군가 차고 가도 꿈쩍 않는 사람 토막
숨결이 채 사그라들진 않있는지
덮고 있던 신문지 간간이 오르내린다

하강下降

노란 은행잎을 밟고 가다
잠시 걸음을 늦추고,
첫돌도 못 채우고 저 세상으로 갔다는
누님을 생각한다

그때 아버지 어머니는
눈물도 안 흘리셨다지
스물을 갓 넘긴 철모르던 시절이었다지

혹 이름이나 있었는지
한 번도 물어보지 못한 채 잊고 살았는데
그리울 것도 없었는데

애들 손바닥만 한 노란 은행잎이
발에만 밟힌 게 아니고
두 눈에도 가득 밟혀서

작은 무덤 한 채 갖지 못한
누님의 슬픈 초상이 발목에 걸려서

먼 하늘을 바라보는 순간
또 한 잎
눈물도 없이 지상에 몸을 누이는구나

닭 모가지의 행방

어제 모가지가 잘린 유씨와
오늘 모가지가 잘린 강씨가
튀김닭 안주 삼아 생맥주를 들이키는 동안
아무도 묻지 않는다
잘려나간 닭 모가지들이 어디로 갔는지
닭털이야 뽑혀서 쓰레기로 버려지거나
기껏 배드민턴공 만드는 곳으로 넘겨지고
닭발은 포장마차 안줏감으로 팔려갔을 테지만
저런 닭대가리 같은 놈!
살아생전 멸시와 모욕의 대명사였을지라도
대가리는 대가리
붉은 볏을 세우고 한 번쯤 우쭐거리고픈 꿈 하나
어찌 간직하지 않았으랴

유씨와 강씨가 헤어져 돌아가는 골목길
버려진 닭 내장처럼 우울한 날들이
자꾸만 발목을 휘감는다
발목마저 잘려나가면 꼼짝없이
펄펄 끓는 기름 가마 속으로 던져질 운명에 놀라
흠칫, 돌아보면

비명조차 질러보지 못한 닭 모가지 같은 생이
쓰레기 봉지 옆에 조용히 웅크리고 있다

만석부두

한때는 나라에 바치는 곡물을 싣고 와
만석이나 쌓아 놓기도 했다는
인천 만석부두를 찾아든다
좁은 갯머리에 발동선 몇 채 올라앉아 있고
만석은커녕
굴껍데기 자루 몇 개 듬성듬성 놓여 있는, 거기
나무판자와 비닐로 얼기설기 엮은
굴장들만 따개비처럼 붙어 있다
개중에는 문짝도 없이 바람만 드나들고
출입문마다 삐뚤빼뚤한 글씨로 써 붙인
주인 이름들, '안예뿐이'라는 이름에
잠시 눈길이 머물기도 했지만
굴장은 겨울이나 돼야 분주할 테고
게 한 마리 보이지 않는데
게 구멍만 곰보처럼 뚫려 있는
썰물 빠져나간 늦가을 갯벌에
오후의 햇살이 스산하다
발길을 붙들어 둘 그 무엇도 없어
소주 한잔도 없이 돌아 나올 때
발뒤꿈치에 매달린 그림자만

쓸쓸한 듯 느린 걸음으로 뒤를 따른다

천수관음千手觀音

봄비 다녀가신 뒤
가지마다 대롱대롱 매달린
작은 물방울들
정성껏 몸으로 빨아들이더니
그 자리마다 눈을 내밀었다
천 개의 손에 천 개의 눈을 지닌
저 봄 나무, 천수관음께선
지금
무엇을 보고 계시는가
머잖아 꽃으로 피어날
자신의 미래를 보고 계시는가
속절없이 져 버린 목숨들이
서둘러 먼 길 떠날 때마다
꽃잎 한 장 덮어 주는 것으로
또 한철 보내시려는가
황사바람 불어올 듯 흐린
봄날, 천수관음 아래 기대어
저물어가는
서쪽 하늘을 바라본다

지하도 입구

사금파리도
햇살을 받으면
반짝!
빛날 줄을 안다
있는 듯 없는 듯 묻혀 있다가도
기회가 왔다 싶으면
햇살 한 조각
긴방지게
튕겨낼 줄 아는 것이다
조각난 몸으로
되쏘아대는 저 빛살이
실은 비명일지도 모른다고
그대가 잠시
주춤거리는 사이
깨어진 채로
히죽, 웃는
사금파리의 얼굴이
그대를 닮았다

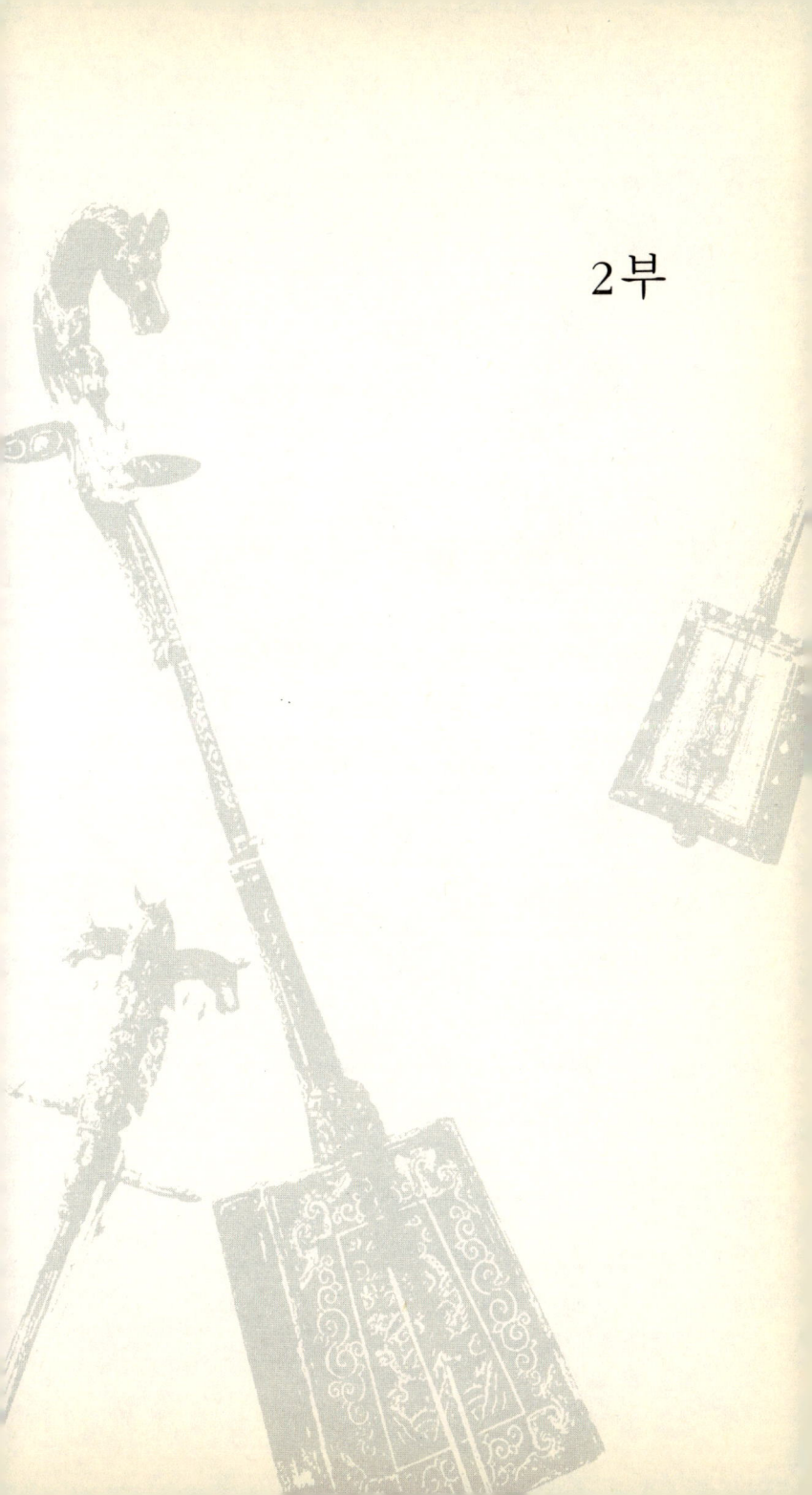

2부

귀환歸還

크고 붉은 햇덩이가
바다 저편으로 황홀히 잠겨드는 동안
그 둘레를 수놓던 바닷새들은
모두 어디로 갔을까

햇덩이를 따라 몸을 숨겼는지
가까운 육지로 귀환했는지
바다를 떠나온 뒤 여러 밤이 지나도록
못내 궁금하다

수평선 끝자락을 타고 놀던
그 새들이 없었다면
바다도 일몰도 내 기억 밖의 일일 터이니

순간의 장엄함을 기리기에는
내 삶을 충분히 소진하지 못했음인가

붉은 햇덩이가 미처 끌고 들어가지 못한
바다 이편의 세상에서, 나는
여전히 이루지 못한 꿈들을 매만진다

그날 새들이 혹 귀환하지 못했을지라도
내가 도시로 귀환한 이유를
그 새들에게 나지막하게 들려주고픈 욕망이

한동안 나를 살아 있게 할 것이다

새우튀김을 먹는 저녁

특별한 일도 없이 하루가
굽은 등처럼, 휘어졌다
어제처럼 혹은 내일처럼
휘어지고 굽은 것들이 옹기종기
식탁에 모여 있다
창밖에는 낯익은 어둠이
오랜 친구처럼 둘러서 있고
그 모든 풍경이
무겁지도 가볍지도 않게
침묵 속으로 흘러간다

튀김옷을 입고 있는 새우들이
불편해 보인다고
한참 만에 누군가 웅얼거린 것도 같았다

파산시대

한 발 헛디디면 그 자리가 허방이다
용서란 게 없다
가차 없음이 미덕인 이 땅에선
악착같음이 그러므로 거룩한 삶의 방식이 된다

거리 곳곳에 나붙은
'개인회생 · 파산 무료상담'
펼침막과 광고전단들을 볼 때마다
창애에 치인 가여운 짐승들을 생각한다

불어나는 이자와 악독한 채권추심은
중력보다도 아귀힘이 세서
발버둥 칠수록 살점만 패일 뿐
우러러보는 하늘마다 먹장구름이다

작달비 내린 뒤 곳곳에 웅덩이
흙탕물 뒤집어쓴 채
갈팡질팡 장삼이사들의 발목이
구한말의 유민들처럼이나 아뜩한데

움켜쥘 지푸라기 한 올 없이
붉덩물 일렁이는 강물을 앞에 둔 듯
붉은 신호등 앞에서
차마 건너지 못할 저편만 바라보는 눈길들이 있다

밑 빠진 독과 화수분
—파산신청서

일개미가 먹이를 물어다 바치듯
쉬지 않고 물을 길어다 부어요
부어도 부어도 채워지지 않고
언제 끝날지 기약도 없는
밑 빠진 독에 물 붓기예요

하루라도 물동이를 나르지 않으면
어김없이 죄어 오는 숨통
이 한 몸이야 도망치면 그만이겠지만
어린 자식들이라도 잡아갈 태세로
부라린 눈들이 너무 무서워요

내가 밑 빠진 독을 갖고 있다면
누군가는 화수분을 갖고 있을 거예요
퍼내도 퍼내도 마르지 않는
화수분
틀림없어요, 그러지 않고야
내 독에서 빠져나간 물이 어디로 가겠어요
불어난 이자를 감당하기 위한
내 노동이, 내 땀과 피가 어디로 흘러들겠어요

내 독의 밑바닥을 막아 줄
인정 많은 두꺼비는 없는 걸까요?
판사님!
자애로운 판사님!

대형 할인매장에서

예전엔 마을 사람들이 우물가로 모여들었으나
지금은 대형 할인매장으로 꾸역꾸역 밀려든다
그 옛날의 우물은 모두 말라붙었으나
대형 할인매장은 결코 마르지 않는 현대판 우물이다
퍼내도 퍼내도
시급 3천 원짜리 알바들이 순식간에 채워 넣는 현대판 화수분이다

화수분의 마술에 걸린 사람들이
계산대 앞에서
부적처럼 생긴 신용카드를 꺼내들 채비를 하는 동안
쇼핑 카트 안에 담긴 물건들은
제 몸에 찍힌 바코드처럼 얌전하다

입구로 들어가서 출구로 나오는
질서정연한 시스템 안에서는
상품이라는 물건과 고객이라는 사람이
판촉 도우미 아가씨들의 치마처럼
아슬아슬, 짧을수록 좋은
돈의 회전속도에 맞춰, 돌아간다

구질구질하지 않은 게 현대판 미덕이므로
에누리나 흥정 따위 있을 리 없다

신문 한 귀퉁이에
납품단가 맞추려다 도산한 업체 사장의 자살 소식이 실렸어도
신문지 따위 애초에 포장지로 사용할 일조차 없으므로
신경 쓸 깜냥도 못 된다

상품을 실어 나르는 사람은 있어도
소식을 실어 나르는 사람은 없는
이곳 대형 할인매장에는
물동이마다 찰랑찰랑 넘치던 우물가의 정담 대신
쇼핑 카트마다 차곡차곡 쟁여진 침묵만 있을 뿐
계산대를 빠져나온 상품과 고객이
한 몸처럼 다정하게 주차장으로 가는 동안에도
시급 알바들의 분주한 손길에 힘입어
화수분의 마술 슬라이드 쇼는 멈추지 않는다

청맹과니

계단 물청소를 하느라
임시로 둘러놓은 통제선에 막혀
유도블록을 잃어버린 사내
흰 지팡이 하나에 의지해 허둥대다
휘청, 선로 쪽으로 기울어지고
뒤이어 전동차는 달려오고

퇴근길 송내역에서
황급히 들것에 실려 가는 사내를 목격하고
다음 날 아침신문에서
한 시각장애인의 죽음을 접하기 전까지
나는 전혀 알지 못했다
오톨도톨 튀어나온 블록들이
출구까지 이어져 있다는 걸
그게 누군가의 생명선이라는 걸

뻔히 눈앞에 있는 것도 보지 못한
나야말로 눈뜬장님이 아닌가
전동차가 들어설 때
접근 금지 노란 안전선만 신경 쓰던

청맹과니가 아닌가

그날 오후, 송내역으로 몰려든 시각장애인들이
흰 지팡이로 바닥을 두들겨대던 소리
죽비보다 무섭게 어깨를 내리치던
그 뼈아픈 소리

닥트공 최씨

중학교를 졸업하고 청계천 봉제공장과 구두공장을 거쳐
건설 현장에서 일하는 닥트공 최씨
렌탈 압축기에 끼여 죽을 뻔하다 살아난 다음 날
셋째가 세상으로 나왔다

모처럼 동네 주택공사를 맡은 기쁨에 겨워
갑작스레 심장이 멈추어 버린 아버지, 고난에 찬 길을 이어
2대째 건설 일용공으로 살아온 가파른 삶의 벼랑이
그의 수줍음 많은 선한 눈매에 얼핏 스칠 때
내가 따라 주던 소주잔도 덩달아 흔들리곤 했던가

글쓰기를 좋아하는 그가 쓴 글들을 모아
출판사 '삶이 보이는 창'에서 책으로 펴냈는데
얼씨구나!
그게 한국문화예술위원회 우수문학도서로 뽑혀
2천 권을 찍어 납본하고 인세로 180만 원을 보냈더니
어럽쇼!

그중 50만 원을 다시 출판사에 보내왔다.
아, 대책 없이 바보 같은 친구!
일하는 사람들을 위해 애쓰는 출판사에 후원금을 내주고 싶다는
그 거룩한 마음이 어찌 눈물겹지 않으랴만
스무날째 일을 못 나가고 있는 그에게
셋째 우윳값에라도 보태지 왜 그랬냐고 타박을 줬더니
모유를 먹이고 있으니 괜찮다며 씩 웃고 마는
닥트공 최씨

건설 현장에서 파업을 했다는 이유로 감옥에 간 동료들 생각에
잠 못 이루곤 하는 그에게
우리가 살고 있는 세상이 과연 살 만한 세상이냐고
나는 감히 물을 수가 없었다
노동에 대한 예의를 갖추지 못한 세상을 위해
그래도 땀 흘리며 건물 천장에 닥트를 매달고 있을
최씨의 노동을 생각하며, 나는 부끄럽게도 다만 이렇게

어줍은 시 한 줄을 쓰고 있는 것이다

즐거운 날들

누가 잘라 먹었는가
묻기도 전에 먼저 대답하는
도마뱀의 저 능청!
몸 보시라도 해 달라고 조르는 놈들 하도 많아
귀찮아서 그냥 잘라 줬지

아침 출근길
시하철역으로 꼬리 질린 도마뱀들이 줄지어 들어
간다
마치 꼬리가 없는 것을 자랑이라도 하듯
엉덩이를 바삐 흔들며

복개천 사거리

출근길, 복개천 사거리 신호등에 걸려 멈춰 있을 때
도로 아래 썩은 물도 멈춰 있을까?

눈곱만 간신히 떼 내고 흘려 버린 세숫물과
수챗구멍으로 쏠려 보낸 찌개 국물도
잠시 고단한 걸음 쉬고 있을까?

통증도 없이 암세포가 번져
개복 수술조차 못한 채 죽음의 날만 기다리는
어느 가장의 슬픈 얼굴이
잠시 백미러에 나타났다 사라지고

이윽고 신호등이 풀리면
일제히 가속기를 밟으며 시작하는
오늘 하루의 끝은 어디일까?

저녁 무렵 복개천 도로 위에서 다시 만나게 될
슬픈 가장들의 뱃속에선
복수腹水가 차오르고 있을지도 모르는데

썩은 거품을 밀어내느라
다들 길게 하품을 하며
붉은 신호등을 바라보고 있을지도 모르는데

개복의 두려움마저 잊어버린 듯
복개천 위로 무심히 흘러가는 생이여
불어터진 밥알들이여

건설 현장에서 오래된 해골 더미가 발굴되던 날

모처럼 가족 나들이를 하고 온 날이었다
청명한 바람이 목덜미를 간지럽히고
찰칵, 부신 햇살에 놀란 어린것들이
눈을 감은 채 셔터 안으로 빨려들어갔다

—그이들, 총성에 놀라 질끈 눈을 감았을까?

돌아오는 길이 조금 막히기는 했어도
무사히 집에 도착해서
피곤한 몸을 씻고, 재잘대는 아이들을 재우고
모처럼 아내와 달콤한 사랑도 나누었다

—그이들, 함께 포개져 누워 외롭진 않았을까?

거실에 있는 텔레비전은 종일 심심했을 테지만
아홉 시 뉴스, 마감 뉴스 모두 건너뛰고
편안한 마음으로 잠자리에 든
우리 집 안방은 무척이나 평화로웠다

—그이들, 인화되지 못한 날들의 어둠은 얼마나

깊었을까?

  나란히 누운 우리 식구들의 꿈속으로
어떤 불길한 소식도 침입할 틈이 없었다
날이 밝도록 그렇게 평온할 것이었다

  ―그이들, 실은 우리 식구들 머리맡에 묻혀 있었던 건 아닐까?

은밀한 내통

찬바람에 자꾸만 옹송그려지는 마음 추스르려
겨울산에 오르다 보았네
나뭇잎 하나 남지 않은 몸통 위에
잔가지로 얼기설기 엮은
둥지 하나
귀 기울여도 박동 소리 들리지 않지만
나는 그게 나무의 심장일 거라고
생각했네, 나무는 지금 심장을 몸 밖으로 꺼내놓은 채
칼날처럼 시퍼런 겨울바다를 건너는 중이라고
그렇게 믿었네
서둘러 산에서 내려오며 나는
가슴이 두근거리기 시작했네
나무와 내가 은밀한 내통이라도 한 것처럼
자꾸만 얼굴이 붉어지며
어서 저잣거리로 들어서야 한다고
거기서 찬밥덩이 같은 심장 하나 매단 채
북풍한설 맵찬 세월과 맞서고 있을
정든 사람들 곁으로 가야 한다고
내내 생각하며 내려왔네

삽의 전쟁

공병대 시절, 눈만 뜨면 삽을 드는 게 일이었으니
삽질이라면 나도 제법 할 줄 알지
삽으로 흙을 떠서 던지면
삽 모양 그대로 흙이 날아가기까지
아침마다 굽은 손가락 억지로 펴 가며 배웠지
내가 아무리 구덩이를 잘 파고 공구리를 잘 비벼도
그래도 어디 농민들 삽질만큼이야 했겠나
노동자들 십질만큼이야 했겠나
한 삽을 뜨면 한 톨의 쌀이 되는 삽질
한 삽을 뜨면 한 장의 연탄이 되는 삽질
그런 삽질 근처에도 가 보지 못했지
그래도 한때나마 삽질을 해본 나는
그 시절, 삽에 대해 경배하는 법을 배웠네
삽질을 하다 상관이 지나가면
총 대신 삽을 들고, 받들어 삽!
그런 군인정신을 통해서가 아니라
삽질을 하려면 반드시 허리를 굽혀야 한다는 사실
땀 흘리지 않고 삽질하는 비책은 없다는 사실
한 삽에 흙 한 덩이 이상 뜰 수 없다는 사실
하나하나 깨우치는 만큼 삽날이 닳아갔네

삽날이 닳아 없어지는 속도에 맞춰 시간이 갔고
제대한 지 어느새 스물 몇 해
삽질하는 법, 이제는 내 몸에서 잊혀졌지만
삽질을 모욕하는 말, 참을 수 없네
삽질 한번 안 해 본 것들이 툭하면
—삽질하고 자빠졌네
무심코 내뱉는 말, 죄 없는 삽이 불쌍했네
그러더니 새만금을 막고 천성산을 파내고
이제는 한반도 대운하까지 뚫겠다며
거대한 삽을 들어 올린다는 말이 들려오네
거대한 삽질 한 방이면
경제가 살고 나라가 산다는 말
새빨간 거짓부렁이란 걸 나는 알고 있네
내가 배운 삽의 정신과는 정반대인
저 거대한 거짓의 삽
아, 한 가지 더 배운 게 있었네
삽날을 치켜들면 그대로 무기가 된다는 사실!
한바탕 삽의 전쟁이 다가온다면
나는 정직한 삽의 편에 설 것이네
삽을 경배할 줄 모르는 저 거짓 무리들의 정수리를

내 정직한 삽으로 후려치고자 하네
그 옛날 배운 대로
어깨 위로 삽!
성스러운 전쟁에서 물러서지 않기 위해
내 마음의 삽을 벼리고 또 벼리네
삽날 위에서 햇살이 반짝, 튕겨 오르네

돌담에 매달린 꽃

창 너머 돌담 틈서리에
꽃 한 송이 매달려 있네
며칠 전부터 피었을 텐데
작년에도 재작년에도 피었을 텐데
오늘 처음 눈길 마주쳤네
여기 좀 봐 달라고
눈 좀 맞춰 달라고
손짓하고 있었으련만
이제껏 보고 싶은 것만 보아온
어리석은 두 눈이여
노란 꽃 이파리
위로 기어오르지도 못하고
바람에 흔들리던 날
1000일째 돌담에 매달려 있는 꽃들이
생각났네, 공장에서 쫓겨난
기륭전자 여성 노동자들
희망조차 섣부른 그 이름 앞에
위태로운 건
돌담이 아니라, 꽃이 아니라
닫힌 마음이었을레

눈길조차 건넬 줄 모르는
식어 버린 가슴이었을레

평화

아름다운 작전명
'여명의 황새울'
그 뒤에 음험하게 도사리고 있던
야수의 발톱이 찍어 버린
대추분교, 참혹한
시멘트 잔해 한가운데
누가 꽂았을까?
깃대에 매달려 나부끼는
두 글자
'평화'

유혈의 미친 회오리로도
끝내 탈취해가지 못한
뜨거운 심장이어니
가냘파서 오히려 사무치는
간절함이어니

황새울의 숨죽인 울음을
온몸으로 끌어당기며
외로이 나부끼는,

외로워서 오히려 찬연한,
모든 것의 어머니이신
대지의 또 다른 이름
오, 평화여
이 시대의 전언傳言이여

벼꽃

벼는 패고 벼꽃은 피었는데
논틀에 누워 잠든 저 사내
일어날 줄 모르네
허연 눈자위
널브러진 농약병
신음마저 잦아든 풍경을
뜨거운 해의 혓바닥이 핥고 가네

나라마저 포기한 땅에서
눈물이 마르듯
희망은 갈수록 오그라들고
껍데기만 남은 육신
이제사 훌쩍 벗고 가셨는가

상엿소리
논두렁을 타고 넘는 동안
희망을 잉태하지 못하는
불임의 벼꽃들만
안쓰럽게 흔들려쌓고
상여꾼들 중에

누가 또 논틀을 베고 누우려는지……

돈 줄 테니 농사짓지 말라는
저 망발의 혓바닥을 뽑아
염천 하늘 아래 패대기치고픈,
목울음
목울음만
쉬어터지는
질긴 여름날

아빠, 제발 잡히지 마*

단속에 걸린 엄마 따라 방글라데시로 돌아간 모루
아빠 혼자 남아 있는 한국 땅을 바라보며 중얼거린다
아빠, 제발 잡히지 마

아내와 아들이 쫓겨난 뒤
6개월만 더 있겠다던 약속이 어느덧 3년
그리움이 사무치는 날
전화기 너머 아들의 목소리를 듣는다
아빠, 제발 잡히지 마

잡히지 않기 위해
일년 내내 공장 안 컨테이너 박스에서 지내는
모루 아빠
 꽃이 피고 새가 울고 바람이 불고 낙엽이 지고 눈이 내리고 또 다시 꽃이 피도록 공장 안에선 쉼 없이 기계가 돌고 기계 따라 세상도 돌아가지만 아무리 돌고 돌아도 공장 밖에선 여전히 번뜩이는 단속반원의 눈초리

 야간 일을 마치고 컨테이너 박스로 돌아올 때면

별이 되지 못한 그리움이
공장 옥상이며 자재 창고 위에 한숨처럼 내려앉고
컨테이너 차가운 바닥에 지친 몸을 누이면
아빠, 제발 잡히지 마
모루의 목소리, 꿈결처럼 스며드는데
아빠, 제발 잡히지 마
간절한 목소리, 눈시울 젖어드는데

모루 아빠, 오늘도 컨테이너 박스에서
방글라데시
머나먼 고국 쪽으로 돌아눕는다

* 이란주 님이 『삶이 보이는 창』 58호에 쓴 글에서 제목과 내용을 빌어 왔음.

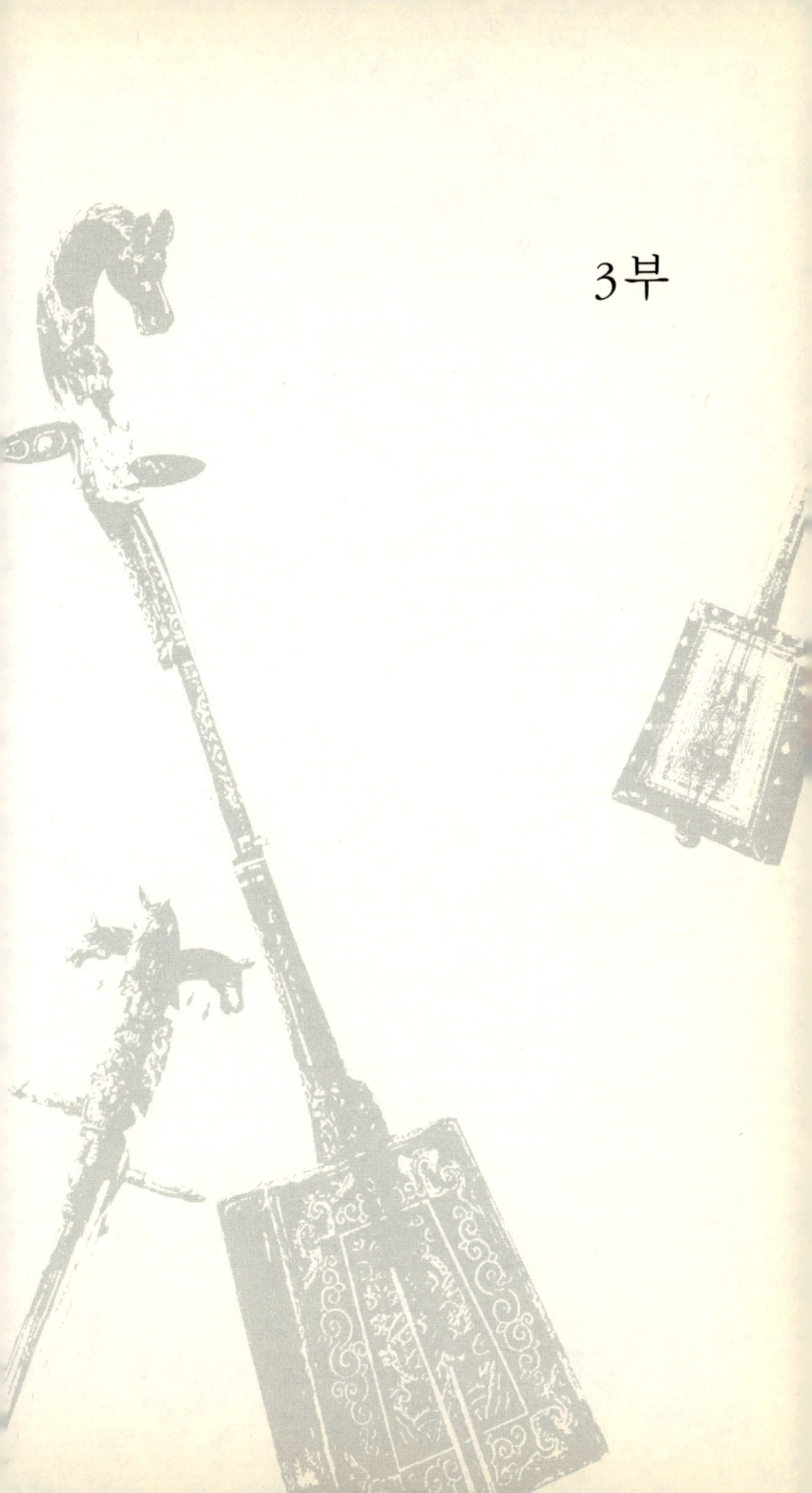

3부

고비사막에서

저 멀리 먼지구름이 인다

누군가 오고 있다

나도 먼지구름 일으키며 그대에게 가고 싶다

세이한* 고비

일망무제, 끝없이 펼쳐진
저 지평선을 타넘고 싶다는
열망마저도 부질없어질 무렵
어디에 숨어 있던 것일까
하얀 게르 아래
작은 강물이 예쁘게도 휘감아 도는
세이한 고비
장엄한 노을에 이어
익숙한 듯이나 어둠이 찾아와
손에 잡힐 듯 주렁주렁 매달린
별들을 세다
은하수길 따라, 전설 속
하늘사슴 찾으러 떠나는
꿈길 너머, 아득히
늑대 울음소리가 들려도 좋으리

* 세이한 : '예쁜', '아름다운'이라는 뜻을 지닌 몽골말.

끊어진 현絃

남고비 모래언덕 앞에서
낙타와 마두금에 얽힌 이야기를 듣는다

새끼를 낳은 낙타는
출산의 고통을 가져다 준 제 새끼가 미워
젖도 안 먹이고 발로 차 버린다는데

그리디 미두금 소리 바람결에 실려 오면
굵은 눈물 뚝뚝 흘리며
비로소 제 새끼를 찾아 젖을 물린다는데

남고비 모래언덕 앞에서
스르륵스르륵
모래 흘러내리는 소리를 들으며
끊어진 마두금 줄 같은 내 시를 생각한다

손

울란바토르 시내에서 만난
소년의 손
부끄러움 따위 오래 전에 버린 듯
거부의 몸짓에도
끈질기게 적선을 강요했다

고비사막 입구에서 만난
소녀의 손
갓난아기 동생이
게르 바닥에 오줌을 싸자
말없이 걸레를 가져와 훔쳐냈다

둘 다 입성은 꾀죄죄했으나
소년의 표정은 도시의 매연을 닮았고
소녀의 표정은 초원의 하늘을 닮았다

해마다 초원이 황무지로 변해
울란바토르로 몰려드는
유목민들
다시 또 여행길에 오른다면

어떤 손을 더 많이 만나게 될까
두려웠다

사막의 길

길은 어딘가를 찾아가기 위해 있지만
때로는 잃기 위해서도 있다
사막에서 신기루에 홀려 보지 않은 사람은
오아시스의 신비를 노래할 수 없듯
길을 잃고 헤맬 일이 없다면
별도 밤하늘에서 반짝일 이유가 없다

뻔히 보이던 길이
모래 폭풍에 휩쓸려 사라지기도 하고
폭우로 뚝, 끊겨나가기도 하는 게
사막의 길이다
그곳에서 수천 년을 살아온 이들이
있다는 걸 생각하면
나와 당신이 취해 온 절망의 자세는
얼마나 큰 사치였던가

먼 길을 달려 찾아든
캠프촌, 동쪽 밤하늘에서
홀연히 붉은 달이 떠오른다

두 주검

  고비사막 한복판에서 하얗게 삭아가는 말의 뼈를 만났네 영원으로 들어가는 입구인 듯 휑 뚫린 동공 앞에서 순하게 놀고 있던 바람과 햇빛, 바로 옆에선 자동차 뒷바퀴에서 빠져나온 타이어, 펑크 난 문명이 엎드려 있었네 독수리도 거들떠보지 않는, 육탈을 이룰 수 없는 검질긴 운명을 바라보는 동안 내가 끌고 온 문명의 길이 뱀처럼 똬리를 틀며 내 발목을 집고 있었네 잠시 길을 잃고 바라보던 지평선 너머 아득한 곳에서 말울음 소리 들렸던가, 환청이었던가, 지구의 축이 조금 더 기울어진 듯 내 몸이 휘청거렸네

최병은 씨 댁 옆집
―박영근 시인을 생각하며

인천시 부평4동 밤하늘 위로
흘러가는 별자리
그 아래 무엇이 남았는가
소멸을 꿈꾸는 자세로
마지막 흰빛
한 줄 시만 남았는가

옹색한 시인의 거처에서 동거하던
수챗구멍 속 쥐새끼
까만 눈동자를 들여다보던
불면의 날들은 가고
멀리 휘황한 광고판 불빛에 가린
공장 굴뚝 같은,
휴전선 철책 같은,
시퍼렇게 칼금 그어대던
고뇌만 남았는가

오늘 밤
별자리는 서해바다에서 잠들고
꿈꾸는 일은

여전히 멀고 아득하여
쓰러진 술병 속을 돌아 나온
바람 한 줄기
최병은 씨 댁 옆집 골목길에서
자꾸만 돌멩이에 걸려 넘어진다

둥지는 새들이나 트는 것이다

새가 아닌 사람이 철탑 위에 둥지를 틀고 있는
그러므로 저것은 새 집이긴 하되
결코 안온한 거처는 아니다
줄곧 땅에 붙박혀 살아온 사람이
허공에 둥지를 틀러 올라가는 까닭은
하늘과 교신하기 위해서가 아니다
새처럼 자유로이 비상하기 위해서가 아니다
하늘에서 내려올 동아줄을 기다리기 위해서도 아니다
다리를 벌벌 떨며 기어올라가
철탑 둥지에서 줄곧 먹고 자고 싸는 것은
천둥과 비바람에도 꿈쩍 않고 버티는 것은
더 이상 빼앗기지 않기 위해서다
입은 옷 홀랑 벗겨 벌거숭이로 만든 자들에게
남은 살가죽마저 벗겨지고 싶지 않아서다
단지 그것뿐이다
빼앗긴 노동, 착취당한 희망
그것만 되찾을 수 있다면 언제든 내려올 것이다
다시는 철탑 근처에 얼씬대지도 않을 것이다
일평생 빼앗겨 본 적 없는 자본가들이여

앞으로도 착취당할 일 없는 자본가들이여
 언제까지 허공에다 노동자들의 거처를 분양할 것
이냐
 청약 순번을 정해 줄지어 기다리게 할 것이냐
 둥지는 새들이나 트는 것이다

21세기 토끼

토끼는 잠을 자지 않는다
낮잠은 물론 밤잠도 줄일 수 있을 때까지
줄여서, 토끼눈은 언제나 빨갛다
느림보 거북이 따위 아무리 재게 걸음을 놀려도
경쟁 상대에서 밀어낸 지 오래다
불자동차 소리, 구급차 소리 요란하게 울려도
돌아보는 순간 소금기둥이 되어 버린
어리석은 토끼들을 생각하며
보폭을 늘리고 도약의 강도를 높일 따름이다
보라, 저 장엄한 행렬!
삼단뛰기, 높이뛰기, 장애물넘기까지 통달한 토끼들이
용수철처럼 튀어 오르며
바벨탑 꼭대기를 향해 치닫는다
(그 아래 즐비한 시신들을
 누군가 토끼탕집으로 빼돌리고 있다는 소문이 돌기도 했으나
 더러는 용궁으로 갔으리라는 귓속말에
 두 귀를 쫑긋 세우고 있다)

이 시대의 아이콘은 빨간 눈을 한 토끼
그중에서도 핏줄 터진 눈동자를 한 토끼

간을 내놓고 다니는 것쯤은 식은 죽 먹기인 애비 토끼들이
더 높이! 더 멀리!
선명한 구호에 맞춰 뒷다리에 힘을 모으고 있을 때
어린 도끼들은 네모난 교실에서
일제히 같은 문제를 푸느라 **빨간 눈동자**에 힘을 주고 있다

지렁이의 길

지렁이가 입으로 먹고 항문으로 게워낸
보얗게 부서진 흙이
새만금이요, 천성산이다

비 개인 앞마당을
납작 엎드려 기어간
지렁이의 길이
삼보일배, 오체투지를 넘어선
생명의 길이요, 평화의 길이다

뜨거운 햇살 아래
바싹 말라붙은 주검 하나
만장도 없이
통곡도 없이
뭇 발길에 채일 때

새만금아!
천성산아!

누천년 사무칠 이름을 불러본다

지렁이 울음만큼이나
가늘고 긴 소리로……

청보리밭과 대숲

겨울바람 맞으며 해남 땅에 갔더니
청보리밭과 대숲을 거느린
김남주, 고정희 두 시인의 생가가
지척에 있었네

매서운 추위에도
푸른 기운 잃지 않았던 두 시인을 생각하며,
뇌종양과 싸우느라
여행길에 빠진 친구 정세기 시인을 생각하며,
소주 한잔 털어넣었네
홧홧한 기운이 목구멍에 사무쳤네

청보리야
대나무야

소줏방울에 스민 맑고 푸른 독기처럼
겨울 한복판에 청청하거라
쨍그렁, 겨울 하늘에 금이 가는 소리 들으며

신창세기

태초에 말씀이 있었다
곧장 텔레비전에 광고 카피로 떴다

태초에 빛이 있었다
오색 레이저 빔을 마구 쏘아댔다

태초에 땅과 바다가 있었다
컴퓨터 그래픽으로 화려했다

태초에 짐승들이 있었다
게놈 지도 속에서 기어나왔다

태초에 인간이 있었다
아바타라고 이름지었다

콧속에 숨을 불어넣었다
곧바로 부팅이 되었다

시뮬레이션이 완벽하게 작동하기 시작했다

황금시대

황금박쥐는
천연기념물 452호

박쥐가 아무리
제 이익을 좇아
이리 붙었다 저리 붙었다 하는 종자라지만

황금빛 치장을 한 박쥐는
나라의 보살핌을 받는
귀한 존재

황금 보기를 돌같이 하라던
옛 선조의 말씀은
박물관에 잠들어 있고

오늘
황금 칠을 하기 위해 몰려다니는
군중들의 행렬은 끝이 없다

박쥐는 동굴에나 숨어 산다지만

황금빛 인간들은 보란 듯
대낮에 광장을 활보하며
텔레비전에도 나오고
대통령 선거에도 나온다

천연기념물로 지정하기에도 벅찬
지금은 바야흐로 황금인간들의 시대!

시인똥 종이

로렌스 톰스와 레즈 페일러라는 영국 사람이
염소똥을 소독하고 빨아서 재활용 종이와 섞은 뒤
튼튼하고 환경친화적인 종이를 개발했다는데,
염소똥 종이는 생일 카드와 선물용으로
절찬리에 판매되고 있다는데,
하루 종일 종이나 먹어치우는 게 일인
시인들이여
당신들이 싸는 똥을 깨끗이 소독하고 빨아
'시인똥 종이'를 만들어 팔아 볼 일이다
어차피 팔리지 않는 시집보다야
곱절 남는 장사가 되지 않겠는가
평소 상상력 부족에 허덕이는 시인들에게
이 놀라운 기쁨을 우선 시로 써서 알리노니

시인똥 종이!
자본의 시대에 걸맞는 대박 나는 꿈이로다, 하하하!

풍기반란

중3짜리 남녀 두 놈이
친구들이 빙 둘러선 가운데
교실에서 입맞춤을 했더란다
사귄 지 300일 되는 날이었단다

하필 지나가던 선생한테 걸려
곧장 생활지도부로 끌려갔더란다
풍기문란이라는 죄목을 달고

남선생들 술자리에서 누군가
풍기문란에 대해 묻기에
그냥 풍기발랄한 거 아닐까요?
내 발음이 시원찮았는지
풍기반란! 그렇지 반란이야, 반란. 껄껄껄!

머쓱해진 나는
그래 발랄한 반란도 괜찮겠다
속으로 웃으며 술잔을 높이 들었더란다

배다리의 밤

　인천의 성냥공장 아가씨들 간 데 없고
　소성주로 날리던 인천양조장은 건물만 을씨년스러운데
　몇 안 남은 헌책방끼리 어깨를 맞대고 저물어가는
　배다리의 밤

　산업도로 공사 현장 앞에 자리잡은
　〈개코막걸리〉집 둥근 탁자에 둘러앉아
　누런 양은 주전자에 담긴 막걸리를 따르고
　콩되비지를 떠먹는 동안
　옛것들이며 헌것들이며는 모두 다
　건너편 수도국산 달동네박물관에서 곤한 잠 자고 있다

　달빛 대신 공사장 불빛이 어룽대는
　막걸릿잔을 비우며
　산업도로에 맞선 배다리의 운명에 대해
　나는 뭐라고 웅얼거렸는가
　너는 또 왜 고개 주억거렸던가

술자리가 파한 뒤
취한 건 세상이지 내가 아니라고
애써 변명할 것도 없이
똑바로, 똑바로 걸어보자고 다짐하는데,
그 옛날엔 바닷물이 예까지 밀려들기도 했다는데,
꿈결엔 듯
출렁이는 물결 소리 들려왔던가
그렇게 깊어가는 배다리의 밤길을
쓸쓸히, 쓸쓸히 돌아나왔던가

4부

첫눈 오시던 날

산동네 고샅 들머리에
조그만 화덕 하나 끌어안고
코흘리개들 뽑기 과자 만들어 팔던
털벙거지 할아버지
양철 쪼가리로 눌러준 별 무늬
조심조심 떼어내
그 모양 그대로 만들어 가도
예끼 놈, 침 발라 붙였지
트집 잡기 일쑤더니
히힛, 이게 웬일이람
한쪽 끝이 살짝 뭉개졌는데도
고놈, 신통하게 잘 뽑았구나!

온 세상 가득
첫눈 오시던 날

노래

햇살은 모든 곳에 임하지 못한다
굳이 지하실 쪽방을 이야기하지 않아도
호주머니 속이나 수챗구멍 깊숙한 곳까지
햇살이 찾아들 수 있는가

하지만 어둠은 어느 곳이든 찾아든다
아무리 굽이지고 깊은 곳이라도
이리 휘고 저리 틀며 간단히 점령해 버린다

햇살이 어둠을 이기기 위해
태곳적부터 노력해 왔지만
영원히 이기지 못할 것이라는 자명한 사실!

그 앞에서 인간은 수시로 무너지고 절망하지만
그 절망의 자세가
한줄기 노래를 만들어 내기도 한다

햇살이 스며들지 못하는
깊은 어둠의 골짜기들을 찾아 헤매는
길고 나지막한 노래가 있어

인간들은 어두운 자궁 안에다 아이를 기르고

꿈을 꾼다
햇살 속을 마구 뛰어다니게 될 어린것들을 위해
어둠 속에서 생명을 밀어 올리는
놀라운 꿈을 꾸며
노래와 더불어, 보이지 않는 생의 건너편까지 살아
낸다

죄의 무게

직장에 나와 바쁘게 움직이다가
초등학생인 단비가
지금쯤 혼자 집에 와 있겠구나
혹은 혼자 학원에 가 있겠구나
그런 생각을 할 때가 있다

아니 생각을 하지 않을 때가 더 많다

모처럼 일찍 퇴근을 해서
폴짝거리며 뛰어드는 단비를 안고서야
내 죄를 깨닫기도 하는데

그런 날이면
내 품에 안긴 단비의 몸무게보다도
내 죄의 무게가 더 무거워
낑낑거리곤 한다

향기

옆 건물로 수업하러
바삐 화단 앞을 지나는데
뒤에서 누가 부른다

"선생님, 잠깐 그 자리에 서 보세요"
돌아보니 여선생님 한 분 빙긋이 웃는다
"향기 좀 맡고 가시라구요"
고개를 젖히니 바로 머리 위에
목련이 흐드러졌다

환한 빛을 안고 들어선 교실
목련의 그윽한 향내와
여선생님의 향그런 목소리가
수업 시간 내내 함께했다

눈은 왜 소리 없이 누워 있는가

먼 길을 달려온 손님은
대문가에 혹은 창문 아래
말없이 서 있곤 했는데
하여 달빛이 드리운
그림자로 알아보았는데

까마득한 허공을 헤매다
지상에 닿은 뒤에도
말없이 누워 있는
저 흰 눈을 바라보라

예까지 오는 동안
마음은 얼마나 설레었으며
아울러 들끓었으랴
힘겨운 여행 끝에
아마도 커다란 비밀을 알아챘으리니

차마 소리쳐 부를 수 없는
이름이 있었기에
먼 길 올 수 있었음이라

그러므로 그대여
말없이 누워 있는 저 흰 눈을
흔들어 깨우지 마라 함부로
나 역시 그리웠다, 말하지 마라

유성流星

밤길 걷다 불 꺼진 가로등을 만나
가던 걸음 멈추고 생각했다
―너도 나처럼 외롭구나

세상의 스위치란 스위치
모두 내리고 싶어지던 그 밤
멀리서 깜박이다 사라진 별 하나 있었다

천변 풍경

안양천 둑방길 아래 유채꽃밭에서
사진을 찍고 있는 한 쌍의 남녀
유채꽃만큼이나 눈부신 다정함 너머
시커먼 오수汚水를 보고 있자니
별안간 콧물이 나오고
재채기까지 터지는 건 무슨 주책인가
민망한 마음에 올려다 본 4월의 하늘은
마음껏 푸르러 구름 한 점 없고
눈부신 햇살 또한
유채꽃밭에도 안양천 물결에도
공평무사하게 쏟아져 내리는데
악취쯤이야 아랑곳없는 남녀의 눈엔
지금 콩깍지가 씌웠을 터
내가 아무리 오수에 눈살 찌푸리더라도
그들의 셔터엔 한창
물오른 행복이 빨려들고 있을 터
어깨에 내려앉은 햇살을 만지작거리며
나도 함께 빨려들고 싶은데
무심하게 가로지르는 전철의 굉음이
화들짝 내 발걸음을 끌어당기는 것이다

비 오는 날

아내는 베란다 유리문을 열고
화분들을 그 앞에 나란히 세워 놓는다
방충망 사이로 들이치는 빗방울을 맞으며
모처럼 시원한 표정을 짓는 화초들

천상 게으름뱅이인 나는
물 한 번 제대로 준 적 없으나
마음 절로 흐뭇해
한참이나 쭈그려 앉은 채 바라본다

빗줄기 거세질수록 집 안은 고요하고
또르르 이파리를 타고 내리는 물방울들이
부처님 손바닥을 타고 노는 동자승만 같아
나는 그만 심술맞게
이파리를 툭 튕겨 보는데

어느 틈엔가
손등에 올라앉은 동자승 몇 분
슬며시 내 손을 끌고
낙숫물 듣는 절집 추녀 밑으로 데려간다

비 내리는 날, 창가에서

빗물은 흘러내리는 것이다
무언가를 타고 내리는 것이다

꽃나무 줄기가 되었건
시멘트 담벼락이 되었건
타고 내릴 그 무엇이 없다면
빗물은 쓸쓸할 것이다

눈물이 그러하듯이
사랑이 그러하듯이

타고 내릴 그 무엇을 찾지 못한
허공 속 빗줄기들을 위해
나는 지금 가슴을 풀어헤치는 중이다

발밑에 빗물이 흥건하면
그게 내 사랑의 징표일 것이니

나 또한 그대에게 가고 싶은 것이다
그대의 가슴을 타고 내리는 빗물이고 싶은 것이다

환한 골목

동네 슈퍼 옆골목으로
조무래기 둘이 쪼르르 달려와서
사이좋게 엉덩이를 까고
볼일을 본다

한 놈은 쭈그리고 앉아
다른 한 놈은 엉거주춤 서서
볼일을 마치고 다시
쪼르르 달려간다

둘이서 조잘대며 나누던 말들을 물고
조각 햇살들은
통, 통, 통
좁은 골목 안을 뛰어다니고

눈썹달

아이야 네 속눈썹이 길구나
산머루 빛 눈동자 위로
사뿐히 들린 눈썹 꼬리가 길어
거기 어여쁜 사랑도 걸리겠구나

햇살 한 자락 동무 삼아
해종일
구름사다리를 밟고 오르다
살풋 속눈썹을 내리는 아이야

네가 잠든 밤하늘에
눈썹달이 떴단다

모과 한 알

운동장 구석에 크고 탐스런 모과나무 한 그루 있다
주렁주렁 매달린 모과알들
운동장에서 뛰노는 아이들 바라보며 익어간다고
생각한다 그렇게 믿는다

가끔씩 아이들이 나뭇가지를 꺾기도 하고
덜 여문 모과알을 떨어뜨리기도 하는데
그중 몇 놈을 교무실 책상 위에 놓아두었으나
향내도 뿜지 못하고 시들어만 간다

가을이 깊어가고 모과알도 노랗게 익어갈 즈음
어떤 사유로 떨어졌는지 모를 모과 한 알
주워 들고 코에 대었더니 향이 깊을 대로 깊었다

교무실로 들고 와 다시 책상 위에 올려놓으니
내 마음 환하다 때마침 시험 기간이라고
운동장엔 아이들 모습 보이지 않고
모과나무 혼자 외로운데
그제야 어리석었던 생각의 줄기가 트인다

운동장 한 구석에서 모과가
아이들 모습 바라보며 그윽한 향 머금을 동안
나는 미리 떨어진 모과알처럼
지친 모습으로 시들어만 가고 있었던 건 아닐까?

나 혼자 힘들었다고 중얼거려 온 시간들마저도
그윽한 향내로 덮어 주곤
오두마니 내 책상 위에 올라앉아 있는
모과 한 알
잘 익은 모과 한 알

가을 깊은 저녁

그대가 나를 위해 사과를 깎습니다
사르륵 깎여나가는 껍질보다도
이윽고 드러나는 사과의 속살보다도
나는 조심스레
사과를 깎아나가는 그대의 손길을 바라봅니다

달콤한 과육에 취하기보다
그대의 손길에 취하고 싶다는 마음이
그대와 나 사이를
조용한 일렁임으로 채워주는군요

물끄러미 바라보는 이 순간이
번개처럼 두 사람의 가슴을 때리던 순간보다
더 아름답다고 느껴지는
가을 깊은 저녁입니다

늦은 귀가를 서두르는 이들의
발목을 슬금슬금 감아들던 어둠은
창밖 단풍나무 아래 조용히 웅크려 있을 테고
어쩌면 그대와 나 사이에

오래 전 약속했던 다짐 같은 것들이 있었는지 모르겠으나
그마저도 이제는 달빛처럼
가만히 흘러내리도록 놓아두는 게 좋겠지요

사과를 깎아나가는 그대의 손길에
내 눈길이 오래도록 머무는
지금은 가을 깊은 저녁입니다

상록수
―길금복 여사

최용신은
소설 상록수의 실존 인물
샘골마을에 내려와
농촌계몽 운동에 힘쓰다
스물여섯 젊은 나이에 과로로 쓰러졌다

자신의 외투를 관에 덮어 주며 오열하던
약혼자 김학준은
그 뒤 다른 여자를 만나 결혼했는데
죽음을 앞두고
옛 약혼자 곁에 묻히고 싶다는 소망에
그의 아내 길금복 여사
남편을 최용신 곁에 묻어주고
훌쩍 미국으로 떠난 뒤
지금껏 아무도 소식 모른다

안산시 상록수역 앞
복원된 샘골강습소 아래쪽 언덕에
최용신과 김학준
나란히 누워 있고

소나무 휘어진 가지에 앉은
새소리, 정겹기만 한데

늘 푸르른 나무, 상록수여
옛사랑에게 자신의 사랑을 내준
빛나는 마음결 받아
세세연년 더욱 푸르거라

깊고 아득한

가볍게
툭,
떨어져 내렸다

바람 한 줄 없었으므로
필경 제 무게에 겨워
툭,
떨어져 내렸을 것이라고,
목숨의 끈이
거미줄보다 약하다고,
끌끌
누군가 혀를 차기도 했겠으나

솜털처럼 가벼운
툭,
을 건져 올려
심장을 울리는
쿵!
으로 받아안지 못하는

당신의 등 뒤로 또다시
툭,
떨어져 내리는
사이
당신의 발밑이
서서히 꺼져 내리며 보여 주는

깊고 아득한 구덩이여!

푸른 정거장에서 놀다

푸른 정거장에서 어슬렁거리고 있는
소 한 마리
굴레와 고삐를 벗어 버리고
등에 태우고 갈 누군가를 기다리는 중이다

자신을 찾아 나선 그이가
어느 정거장쯤 오고 있는지
먼 지평선을 바라보는 동안
오래된 세월처럼
침 한 줄기
입가에 길게 늘어져 있고

우우우 함성으로 뭉쳐진 무리에 이어
삼보일배, 오체투지의 행렬까지
크고 선한 눈망울에 비친
모든 풍경을 새김질하며
소는 지금
자신이 놀고 있는 푸른 정거장을
무장 넓혀 가고 있는 건지도 모른다

밤하늘에 푸른 별이 돋아나기 시작하면
발목마다 푸른 안개를 감고
새벽까지 찬 이슬 맞을 준비를 하는
소의 나라, 푸른 정거장은
우리가 한 번도 가본 적 없는
슬픔이 없는 세상으로 가는 통로인지도 모른다

■해설

소걸음으로 가는 인간의 길

문동만(시인)

　첫 시집 『푸른 삼각뿔』을 펴낸 후 7년 만에 내놓은 『끊어진 현』에 펼쳐진 한층 더 숙성된 시어들을 읽노라니 그의 겸손하고 야무진 인상이 떠오른다. 시인에게 생활의 장이란, 남의 자식이지만 내 자식인 양 가르쳐야 하는 아이들 목소리로 소란한 교실이며, 여기저기서 떠다 맡기는 혹은 자임할 수밖에 무보수 잡무로 분주한 책상이며, 어김없이 酒 5일제를 채우다 보니 타박을 밥상처럼 받는 가정사이기도 하다. 그 정경이 꼭 남의 일 같지 않게 지근거리에서 살갑게 펼쳐진다. 시를 봐도 그가 보이고, 시를 보지 않아도 그가 보인다.
　전교조 해직교사 출신이라는 게 명예는커녕 사회악의 본산이라도 되는 것처럼 위해당하는 시대지만, 그것이 얼마나 비사실적이며 수구의 위악을 가리는 악의적 마타도어인지 알 만한 사람들은 다 알 것이다. 금융 위기를 시작으로 실물경제로 위기가 확장되고 있다고 아우성인 시대이다. 삶의 그늘과 허기가 더 먹먹히 선명해지리라. 세계의 대통령이라는 미국 대통령이 비주류인 혼혈 흑인으로 바뀐 것은 인류사의 진보인 것은 분명해 보인다. 하지만 돈으로 돈을 불리는 신자유주의, 없는 괴물을 창조해 전쟁을 일삼았던 폭력의 시대도 같이 저물지는 아직은 기대난망이다. 자본의 질서는 조정되겠지만, 자본의 지배력 자체는 변하지 않을 것이라는 비관적 전망이 더 현실성 있게 들린다.

 민주주의와 분배가 몇 발짝 뒤로 가는 한국 사회의 암울한 현실은 시인들에게 더 많은 정신적 핍박을 강요할 것이 분명하다. 더욱 선명한 것은 문학이 정치와 경제의 외부에 존재하지 않는다는 것, 하지만 여기에만 포박당하지 않고 고독한 시선과 진술로 고적하고 가파른 길을 가야 한다는 것이다. 시는 세계와 끈게 맺되 독자적인 자기 미학을 찾아야 하는 분투의 과정이며, 올라온 고지야말로 다시 시작하는 저점이기 때문이다.

 더 나은 세계를 버리지 않고 되려 벼리겠다는 그의 진술은 비장하다. 그의 두 번째 시집 『끊어진 현』을 관통하는 주된 얼개는 그의 발바닥을 따라 그의 눈길에 포착된 그 무엇이다. 거시와 미시가 삼투압 하는 현실이며, '기획'이 아니라 살아 놓고 보니 우려내어진 '앙금'이다.

> 내 마음 하염없이 붉어질 때까지
> 여기 서 있으리
> 까마득한 절벽 아래서
> 몸뚱이째 부서지고 으깨지며

끝내 기어오르지 못한 절망감으로
　　파도가
　　미친 년 속곳처럼 뒤집어질 때
　　나는 여기 서 있으리

　　동백꽃 물고 죽은
　　그 옛날의 나를 만날 때까지
　　―첫 시집 『푸른 삼각뿔』의 「서시」 전문

 '동백꽃 물고 죽은/ 그 옛날의 나'는 누구란 말인가? 살아 있는 자신을 저승객으로 호명하는 것은 자신의 목숨을 개별적 객체로 한정 짓지 않고 역사와 사회에 관계된 자아로 규정하는 것이다. 기실 손쉽게 내릴 수 있는 단안이 아니다. 이런 철학적 중심을 세워 두고 있기에 그의 눈빛에 포착되고 마음에 담긴 사람들에게 그는 흡수된다. 화선지에 먹물이 배듯 그의 연민은 반쯤 허물어진 소금창고에까지 이르러 간기를 빼어 문다.

　　어쩌다 바람 불고
　　해그림자 쉬었다 갈 뿐

　　빛 바랜 사진처럼
　　고요히 낡아가는

……바닷가 창고

　　그 옛날
　　썩지 않는 소금을 모아두는 곳이었다고 한다

　　반쯤 허물어졌다고 한다
　　—첫 시집 『푸른 삼각뿔』의 「풍문風聞」 전문

　20대 초부터 시작한 그의 새로운 자각은 쉰 줄을 바라보는 지금에 이르기까지 상충하며 화해하는 시간이었을 것이다. 누군가는 길에서 벗어났고 누군가는 아예 먼 길을 떠났던 시간이었으나, 썩지 않는 소금이 되리라 꿈꿨던 마음들이 민물로 쓸려가 간간함 없이 살기도 하는 시간이었다. 이 풍경 속에는 시대의 상처와 연민이 칠면초처럼 흔들릴 게다. 여전히 버릴 수 없는 것은 아이들을 가르치는 일이겠는데, 어쩌면 그 일조차 간단한 일은 아니겠다. 버릇 없는 아이들, 학원에서 선행학습을 했으니 졸고 떠들고 있는 아이들, 그리하여 측은한 나의, 남의 자식들, 그 앞에서 가르친다는 것에 대한 회의와 권태가 왜 없겠는가? 하지만 그는 천상,

　　담벼락에 나팔꽃 줄지어 피었는데
　　활짝 열린 봉오리 속으로
　　쏙 들어가 한숨 자고 싶다

등굣길 서두르는 아이들도 불러다
봉오리마다 한 명씩 들어앉히고 싶다
―「나팔꽃 봉오리」 부분

위 시처럼 좋은 교사이고자 하며,

옆 건물로 수업하러
바삐 화단 앞을 지나는데
뒤에서 누가 부른다

"선생님, 잠깐 그 자리에 서 보세요"
돌아보니 여선생님 한 분 빙긋이 웃는다
"향기 좀 맡고 가시라구요"
고개를 젖히니 바로 머리 위에
목련이 흐드러졌다
―「향기」 부분

도수 높은 안경을 쓰고 얼얼한 정신으로 꽃그늘 아래를 무심히 지나치다 맑은 화음에 깨어날 때도 있는 시인이다. 현장성을 갖는다는 말이 작업일지 같은 단순 기록물이거나, 신세 한탄, 영탄조의 시적 기법으로 하향화되어선 안 된다. 평범함 속에서 비범함을 획득하지 못해 그 위격을 축소시키는 여러 전례들을 떠올린다면 창작방법론으로의 리얼리즘도 더욱 창조적이고, 파격적인 미학성을 확보해야 한다. 앞서 말했지만 시인이 자연스럽게 쓰고 싶고 써지게 되는 것을 좇는 것은 어쩔 수 없는 일이며, 공간과 소재의 문제가 아니라 어떤 질료든 간에 한층 진화한 작품으로 완성시켜내느냐가 중요할 것이다. 이번 시집에는 그의 삶과 작품의 뿌리였던 교육현장을 소재로 한 작품들은 많지 않다. 외부로 확장된 시선이 오히려 감동을 주는 작품을 낳기도 한다.

아이 우윳값도 없으면서 어렵게 얻은 원고료를 다시 가난한 출판사에 기부하는, 글 쓰는 일용 노동자 '닥트공 최씨'의 일화는 인간의 품위를 증거하고 있다. 삶에 내몰려 강퍅하고 빈궁하게 살지언정 가장 비자본주의적인 방식으로 인간의, 계급의 위신을 지키내는 사람들, 그들의 지근거리에 그가 있다. 너무 가난했지만 돈을 많이 벌게 해달라는 기도만은 차마 할 수 없었던 소녀는 마침내 좋은 동화책을 만드는 어른(「순이언니」)으로 자랐다. 이런 개별적인 '착함'과 '연민'이 '돈, 돈'하고 달려드는 아귀 입들 천지인 세상에 어떻게 균열을 낼 수 있겠는가. 그러나 그는 고집스럽게도 그 착한 힘을 믿으려 한다. 하지만 개별의 미담은 불행스럽게도 구조적 모순의 결과이다.

『삶이 보이는 창』이라는 잡지의 편집 책임을 맡고 있다는 이유로 교정지를 한 뭉텅이 집으로 들고 와 교정을 보는데, 여성 노동자가 쓴 글 끄트머리에 있는 글쓴이 소개글 앞에서 페이지가 넘어가지 않는다

—구로동에서 파견직 공장노동자로 일하다 얼마 전 일방적으로 해고되었다. 해고 사유는 잡담이었다.

담배를 찾아 물고 베란다로 나가 창밖을 보는데, 깜깜한 밤하늘에 아무 것도 없다 별들과 잡담이라도 나누었으면 싶은데, 그랬으면 좋겠는데, 내 마음을 먹어 삼킨 밤하늘은 그냥 깜깜 절벽이다
—「잡담」 전문

잡담을 했다고 문자를 날려 해고시키는 세상이다. 그렇게 해고되고 1000일을 훌쩍 넘겨 싸우는 그녀들의 저항 앞에서 그의 가슴도 깜깜 절벽일 수밖에. 타자의 고통이 나에게로 옮겨 나를 먹어 삼켜 버리는 것, 이를 연민이라 해도 좋고 연대감이라 해도 좋으리라. 서정시가 오롯이 풍경과 내면의 발성 그 자체의 묘사에 머무르지 않고 어떤 사회성과 은밀히 내통할 때 시가 가진 근원적 매력을 보여주게 된다.

나뭇잎 하나 남지 않은 몸통 위에
잔가지로 얼기설기 엮은
둥지 하나
귀 기울여도 박동 소리 들리지 않지만
나는 그게 나무의 심장일 거라고

생각했네, 나무는 지금 심장을 몸 밖으로 꺼내놓은 채
칼날처럼 시퍼런 겨울바다를 건너는 중이라고
그렇게 믿었네
―「은밀한 내통」 부분

언제까지 허공에다 노동자들의 거처를 분양할 것이냐
청약 순번을 정해 줄지어 기다리게 할 것이냐
둥지는 새들이나 트는 것이다
―「둥지는 새들이나 트는 것이다」 부분

박동 소리는 없지만 새들의 둥지를 나무의 심장으로 여기는 것, 이는 기법 이전에 시를 쓰는 마음이고 자신에게 묻는 성찰일 것이다. 칼날 같은 겨울을 견뎌야 할 앙상한 내 이웃들의 거처를 보듬는 마음은 같은 제재를 놓고 쓴 「둥지는 새들이나 트는 것이다」와 결코 다른 마음이 아니다. 때론 담담하고 차분한 어조로 때론 격앙된 어조로 변음하는 목소리가 있을 뿐이다. 아래 두 편의 시도 마찬가지다.

포연 속에서 울부짖으며 뛰쳐나오던,
지금도 뛰쳐나오고 있는,
벌거벗은 소녀

은행잎 하나 주워

그 소녀의 음부라도 가려 주고 싶었다
—「은행잎 하나」 부분

노란 은행잎을 밟고 가다
잠시 걸음을 늦추고
첫 돌도 못 채우고 저 세상으로 갔다는
누님을 생각한다

(중략)

또 한 잎
눈물도 없이 지상에 몸을 누이는구나
—「하강下降」 부분

　베트남전 당시 미군의 네이팜탄이 떨어지자 벌거벗은 채로 피신하는 베트남 소녀의 모습을 담은 사진 한 장은 전쟁과 폭력의 잔혹성을 적나라하게 드러낸 반전 예술작품이기도 했다. 그러나 그것은 과거형 불행이 아니라, 현재의 고통으로 아프가니스탄에서, 이라크에서, 팔레스타인에서 재연되고 있다. 여린 목숨들이 포탄이 떨어지는 지옥에서 지금도 발가벗은 채 뛰쳐나오고 있을 때, 고작 시인이 해줄 수 있는 일이란 은행잎이라도 주워 여자의 그곳을 가려주는 비감한 일이다. 한 장의 은행잎은 혈육이었지만 피지도 못한 핏덩이로 죽은 누이의 없는 무덤을

덮는 포근한 포대기가 되기도 한다. 하나의 사물에 각기 다른 치유의 구실을 하게끔 하는 능력을 부여하는 것, 이것이 시인에게 부여된 특권이 아니겠는가. 우리는 날마다 반성하며 산다. 삶이 지속되는 한 반성은 반복되고 깊어진다. 아니, 반성을 포기하기도 한다. 보라, 반성 없는 자들이 벌이는 대낮의 공공연한 수작들을. 그들은 상식적인 사람들에게 졸렬하고 유치한 싸움을 걸어댄다. 권력을 가졌으니 못할 게 뭐냐! 휘두르고 조종하는 자신과 동맹자들에게 어떤 의문도 달지 않고, 정파적이며 경제적인 유불리만을 잣대로 달려든다. 그러한 적대적인 타자들을 상대하며 그래도 시인은 반성을 멈추지 않는다.

> 내가 사는 아파트는 21세기교회보다도 높고 높아서
> 21세기와 평화를 한꺼번에 굽어보곤 했던 게 아닌가
> 굽어보기만 하다 잠들곤 했던 게 아닌가
> 흉몽도 없이, 편안하고 달콤하게
> ―「21세기와 평화」 부분

시인이 사는 아파트 아래에는 '21세기교회'가 있고 '평화교회'도 있는데, 주된 상징은 교회가 아니라 '21세기'와 '평화'다. 쾌속으로 달리는 21세기는 평화라는 염원을 떼어놓고 가기 일쑤다. 기실 일상을 살면서 많은 이들이 현실의 관조자가 되거나, 평온한 일상에서 불행한 현실을 상기하지 않는다. 불행하고 아픈 현실은 오래 생

각하지 않을 것, 그나마 부여되는 자디잔 일상의 즐거움을 행복이라고 여길 것. 세상이 개별의 구성원들에게 주입하는 메시지다. 그것이 자체로 부당한 것은 아니지만, 시인에겐 세상의 그 어떤 음모도, 제도화된 관습도, 누구나 엇비슷하게 살아가는 일상도 정당화해야 하는 그 무엇이 아니다. 즉, 그의 역할은 무감각한 현실의 뱃가죽을 갈라 복수가 찬 현실을 토해 놓는 것이다. 무심히 흘러가는 불어터진 밥풀떼기와 같은 삶을 경계해 보는 것이다.

> 저녁 무렵 복개천 도로 위에서 다시 만나게 될
> 슬픈 가장들의 뱃속에선
> 복수腹水가 차오르고 있을지도 모르는데
>
> (중략)
>
> 개복의 두려움마저 잊어버린 듯
> 복개천 위로 무심히 흘러가는 생이여
> 불어터진 밥알들이여
> —「복개천 사거리」 부분

찰칵, 부신 햇살에 어린 것들이 눈을 감은 채 셔터 안으로 빨려 들어갈 때
그이들, 총성에 놀라 질끈 눈을 감았을까?
재잘대는 아이들을 재우고 모처럼 아내와 달콤한 사랑을

나눌 때

그이들, 함께 포개져 누워 외롭진 않았을까?

나란히 누운 우리 식구들의 꿈속으로 어떤 불길한 소식도 침입할 틈이 없을 때

그이들, 실은 우리 식구들 머리맡에 묻혀 있었건 건 아닐까?
—「건설 현장에서 오래된 해골 더미가 발굴되던 날」 부분(짙은 글씨는 필자가 축약한 것임)

삶은 불행과 행복의 양면성을 갖고 있다. 일상이 주는 평온의 뒤안에는 길고 혹독한 비운의 시간도 있었다. 누구의 유골인지도 모르는 무덤이 발굴되고 그 위에 아파트가 들어선다. 어떤 죽음인지 알 길 없이 그 뼈 부스러기 위에 집이 지어진다. 시인의 상상력은 시간과 역사적 공간을 넘나들어 자신에게 부여된 안락을 의심한다. 이러한 묻고 자답하는 태도는 고전적이지만 박일환 시의 대부분을 관통하는 기법이자 정신이다. 이렇게 보면 형식도 정신에서 비롯된 것이라는 걸 실감하고야 만다.

튀김옷을 입고 있는 새우들이
불편해 보인다고
한참 만에 누군가 웅얼거린 것도 같았다
—「새우튀김을 먹는 저녁」 부분

사금파리도

햇살을 받으면
반짝!
빛날 줄 안다
(중략)
조각난 몸으로
되쏘아대는 저 빛살이
실은 비명일지도 모른다고
그대가 잠시
주춤거리는 사이
깨어진 채로
히죽, 웃는
사금파리의 얼굴이
그대를 닮았다
―「지하도 입구」 부분

 '이면 보기', '부분을 확대해 전체를 보여주기', '거꾸로 보기', '삐딱하게 보기', '부정에 부정하기'는 결국 시를 시답게 만드는 주조 기법이다. 기법이면서 철학과 행동이 내재된 창작자의 맨얼굴이다. 허구를 차용하기도 하지만 본질적으로 자신의 내면을 드러낼 수밖에 없는 숙명을 지녔다. 물리력 약한 몸일망정 '조각난 몸으로/ 되쏘아대는 빛살'이며, '비명'이기도 한 것이다. 시적 허용이란 말이 대개는 시적 과잉을 변론하는 허언으로 들리기도 하는 시절이지만 그의 시는 현란한 이미지나 수사를 동원

하지 않고 단정한 시어들을 보여준다. 미학 그 자체보다는 시적 메시지를 중시하는 태도를 보여준다. 여행기 식의 시에서 좋은 시를 발견하기 쉽지 않을 일인데 「끊어진 현紋」은 깊은 통찰의 힘을 보여주고 있다. 이는 시를 쓰는 모든 사람들의 지병이자 근원적 심리를 절묘하게 비유해 내고 있다. 어떤 때는 남의 살 같아서 떼어내고 싶다가 다시 부둥켜안는 시, 마두금 소리 같은 시.

　　남고비 모래언덕 앞에서
　　낙타와 마두금에 얽힌 이야기를 듣는다

　　새끼를 낳은 낙타는
　　출산의 고통을 가져다 준 제 새끼가 미워
　　젖도 안 먹이고 발로 차 버린다는데

　　그러다 마두금 소리 바람결에 실려 오면
　　굵은 눈물 뚝뚝 흘리며
　　비로소 제 새끼를 찾아 젖을 물린다는데

　　남고비 모래언덕 앞에서
　　스르륵스르륵
　　모래 흘러내리는 소리를 들으며
　　끊어진 마두금 줄 같은 내 시를 생각한다
　　―「끊어진 현紋」 전문

이 시집의 절창으로 읽히는 이 시는 잠시간 이완된 긴장에서 새로운 긴장으로 팽팽하다. 시는 긴장의 농도와 시적 대상과의 거리가 중요한데 너무 붙어 있으면 구호가 되고 너무 멀어지면 관조가 될 위험을 내포하고 있다. 그는 음모적인 삽질이 자행되는 현실에서 자주 비분강개하며 다음과 같은 서정성 깊은 격문을 쓰다가,

> 한바탕 삽이 전쟁이 다가온다면
> 나는 정직한 삽의 편에 설 것이네
> ―「삽의 전쟁」 부분

사막의 바람 소리만 있는 생경한 공간에서 다시 자신의 내면과 조우한다. 그리하여 자신이 현실이라는 자장 안에 놓여 있음을, 현의 떨림 속에 놓여 있음을 상기해 보는 것이다. 음모적인 삽질은 여기저기 살아 있는 붉은 살을 파내며 삽질을 모독하고 있다. 종이배나 띄웠으면 싶을 하천에 수천 톤급 화물선을 띄운다는 것은 어떤 문학적 상상력도 가 보지 못한 파괴의 기획력이다. 건실한 노동 행위인 '삽질'이 '헛짓거리'로 비유되는 현실에서 그는 정직한 삽을 옹호한다. 그가 지키려는 '삽'은 노동과 생태를 함께 아우르려는, 창조하되 파괴하지 않고 일구는 논밭이며 혼자 먹지 않는 밥상일 터.

> 저 멀리 먼지구름이 인다

누군가 오고 있다

나도 먼지구름 일으키며 그대에게 가고 싶다
—「고비사막에서」 전문

　사막의 길을 자동차로 달릴 때 일으킨 먼지는 뒤돌아보는 차창을 향해 끈덕지게 달려든다. 그 먼지 속에는 자연과 인간의 전사와 후사가 고스란히 녹아 있을 것이다. 우리는 유기의 존재로서 서로에게 달라붙으며 간섭한다. 그 간섭이 없다면 시도 삶도 일지 않으리라.
　시인이 자신의 별호를 '우보牛步'라 이름 지었듯 소걸음으로 가는 길이 인간의 길이어야 한다고 믿는다. 시 전체를 관통하는 것은 기호나 이미지가 아니라 담백하게 때론 과도한 친절로 드러내는 자신의 내면, 세계와의 불화이자 저항, 간절한 소통에의 열망이다. 그리하여 약자와 여린 사물에 연민하며 연대하는 것, 인간다움이 무엇인지를 묻는 반성과 저항의 간기록이다. 시집을 읽다 보니 나는 그의 평이한 친절이 좀 아쉬웠다. 모호한 투명도 있을 것 같은데 처음도 끝도 투명하여, 그 열 길 물속을 '얼핏' 보아도 다 들여다보이게끔 만드는 단순한 진술 구조가 가끔 목에 걸렸다. 자신의 성정에 맞는 자연스럽고 팽팽한, 그리하여 독창적인 완성태의 시를 찾아 소걸음으로 나아가길 바란다. 아니 소걸음조차도 의심하며 또 다른 걸음을 걷기도 하는 시어들이 기다릴지도 모를 푸른 정거장을 함께 찾아보자고 말하련다. 과작할 수밖에 없는 그의 삶을 알기에 이번 시집은 더욱 귀하다. 이 시집이 박일환 시인과 같은 병을 앓는 모든 이들을 위로하며 서로 달려드는 먼지로, 정직한 세상을 파는 온기 머금은 삽자루로 쥐어지길 간절히 바란다.

　　푸른 정거장에서 어슬렁거리는
　　소 한 마리
　　굴레와 고삐를 벗어 버리고
　　등에 태우고 갈 누군가를 기다리는 중이다

　　자신을 찾아 나선 그이가
　　어느 정거장쯤 오고 있는지
　　먼 지평선을 바라보는 동안
　　오래된 세월처럼
　　침 한 줄기
　　입가에 길게 늘어져 있고

　　우우우 함성으로 뭉쳐진 무리에 이어
　　삼보일배, 오체투지의 행렬까지
　　크고 선한 눈망울에 비친
　　모든 풍경을 새김질하며
　　소는 지금

자신이 놀고 있는 푸른 정거장을
무장 넓혀 가고 있는 건지도 모른다

밤하늘에 푸른 별이 돋아나기 시작하면
발목마다 푸른 안개를 감고
새벽까지 찬 이슬 맞을 준비를 하는
소의 나라, 푸른 정거장은
우리가 한 번도 가본 적 없는
슬픔이 없는 세상으로 가는 통로인지도 모른다
—「푸른 정거장에서 놀다」 전문